식물_식물의 위상

식물은 햇빛 사냥꾼

글_김현숙　그림_문성연　감수_이은주

여원미디어

식물은 햇빛 사냥꾼.
햇빛을 향해 정확히 잎을 겨누고는
햇빛을 잡아채지.

뜨거운 모래사막 한가운데에서 때론 고독하게,
빽빽이 우거진 밀림 속에서 때론 힘차게…

아름답게 꾸며진 정원에서 때론 우아하게,
철썩거리는 파도 속에서 때론 신나게….

지구에는 수많은 종류의 식물로
가득 차 있어요. 지구에 살고 있는
동물과 식물을 저울에 달아 보면,
그 무게의 99퍼센트가 식물이래요.
동물의 무게는 겨우 1퍼센트밖에
안 된답니다.

햇빛 사냥꾼은 지구 구석구석 어디에나 있어.
사람보다 더 많이, 짐승보다 더 많이,
물고기보다 더 많이.

햇빛 사냥꾼은 지구의 주인이야.

식물은 사람보다 더 먼저 지구에 있었어.
하나, 둘… 사람의 발자국이 지구에 찍히고,
그때부터 사람들은 식물을 먹고 살았어.

식물은 공룡보다 더 먼저 지구에 있었어.
공룡도 그 식물을 먹고 살았어.

식물은 물고기보다 더 먼저 지구에 있었어.
물고기도 바다 속의 식물을 먹고 살았어.

녹색 식물은 스스로 영양분을 만들어 내요. 빛 에너지를 이용하여, 물과 이산화탄소를 포도당 같은 영양분과 산소로 바꾸지요. 이런 작용을 '광합성'이라고 부른답니다.

그럼, 식물은 어떻게 살아왔을까?
식물은 남에게 해를 끼치지 않아.
햇빛을 받아 스스로
영양분을 만들어 내거든.

그래서 햇빛 사냥꾼이 지구의 주인이 된 거야.
생명이 넘치는 지구를 만들어 주니까.

지구의 모든 동물은 식물이 만든 영양분을
먹고 살아요. 식물을 먹고 사는 '초식 동물'을
'육식 동물'이 잡아먹기 때문이에요.

사람도 공룡도 물고기도 숨을 쉬어야 살 수 있어.
허파로 숨을 쉬건, 피부나 아가미로 숨을 쉬건
모두 산소를 들이마셔야 해.
그 산소를 누가 만들어 주는지 아니?

바로 햇빛 사냥꾼이야.
식물은 햇빛을 사냥해서 산소를 만들어 내거든.
동물은 그 산소를 먹고 살아.

녹색 식물은 광합성 과정에서 산소를 만들어 내요. 광합성을 할 때 필요한 이산화탄소는 들이마시고, 만들어 낸 산소는 내뿜지요. 이산화탄소는 종이·나무·석탄 등이 탈 때 나오는 깨끗하지 않은 기체예요. 사람이 숨을 내쉴 때 나오는 기체이기도 해요.

그래서 햇빛 사냥꾼이 지구의 주인이 된 거야.
숨 쉬는 지구를 만들어 주니까.

어떤 동물도 산소 없이는 살 수 없어요. 단 1초 동안,
지구의 모든 동물이 들이마시는 산소의 무게가
무려 1만 톤이나 된대요. 모두 식물에서 나온 산소랍니다.

햇빛 사냥꾼은 옛날에도 그랬듯이,
앞으로도 그럴 거야.

식물은 지구의 모든 생명을 먹이고,
모든 생명이 숨 쉴 수 있는 산소를 만들어 내요.

초록별 지구의 주인으로서 변함없이!

클릭 클릭

교수님이 들려주는 생명 이야기

식물은 햇빛 사냥꾼

이은주(서울대학교 생명과학부 교수)

모처럼 시골에 갔을 때 맡아 보는 공기는 왜 달콤할까요? 그것은 도시보다 시골에 식물이 더 많이 자라고 있기 때문입니다.

오늘날 지구의 공기는 약 78퍼센트가 질소이며, 우리가 숨 쉬는 데 필요한 산소가 약 21퍼센트를 차지하고 있습니다. 하지만 몇 십억 년 전 지구의 공기는 결코 지금과 같지 않았답니다.

질소가 가장 많았고, 꽤 많은 양의 이산화탄소와 메탄가스, 암모니아 따위가 포함되어 있었지요. 그 공기의 구성이 지금처럼 바뀐 것은 녹색 식물이 등장했기 때문이랍니다.

아주 오래 전의 일입니다. 지구에 공기 중의 이산화탄소를 빨아들이고, 빛 에너지를 이용해서 영양분을 만드는 무리가 나타났습니다. 이 무리는 이산화탄소를 끊임없이 빨아들이면서 무럭무럭 자랐고, 그 대신 산소를 내보냈답니다. 이들이 점점 발달하여 땅 위를 드넓게 뒤덮었습니다. 그러면서 공기 중의 산소의 양이 늘어났고, 비로소 지구상에 동물이 살 수 있는 환경이 갖추어지게 되었지요. 이 무리가 바로 녹색 식물이랍니다.

그로부터 몇 억 년이 지났습니다. 녹색 식물은 지금도 여전히 이산화탄소를 빨아들이고, 산소를 내보내고 있지요. 사람과 동물은 이 산소를 들이마시며 생활하고 있고요.

만약 여러분 집 뜰에 높이가 10미터쯤 되고, 가지가 잘 자란 나무가 한 그루 있다고 생각해 보세요. 그 나무가 만들어 내는 산소의 양은 어느 정도일까요? 가족 여섯 명이 숨 쉬고도 남을 충분한 양이랍니다.

하지만 도시가 발달할수록 산소를 만들어 내는 식물은 줄어들고, 산소를 쓰는 사람과 동물만 늘어나고 있습니다. 더구나 석탄과 석유 연료를 사용하고부터는 공기가 더욱 나빠지고 있습니다. 이들 연료를 태울 때 나오는 나쁜 가스들이 공기를 오염시키고 있기 때문입니다.

공기 중에 흩어진 나쁜 가스들은 사람과 동물은 물론 날씨에도 좋지 않은 영향을 끼칩니다. 깨끗하고 달콤한 공기를 지키는 방법은 바로 녹색 식물을 아끼고, 더 많이 심는 것이랍니다. 녹색 식물은 우리에게 꼭 필요한 산소를 내보내 주니까요.

글을 쓴 김현숙 님은 성균관대학교에서 사회학을 전공하였으며, 지금은 어린이책 작가로 활동하고 있습니다. 지은 책으로는 〈대결 수학 퍼즐 1·2〉〈요리조리 밀가루 반죽〉〈의식주로 본 지구촌 속 기행〉〈재미있는 상상 동물 이야기〉 등이 있습니다.

그림을 그린 문성연 님은 상명대학교에서 서양화를 공부하였습니다. 마음에 간직해 온 그림책 작업을 열심히 하고 있습니다. 〈브레멘 동물 음악대〉〈조지프말러드 윌리엄터너〉 등의 작품에 그림을 그렸습니다.

감수를 한 이은주 님은 서울대학교 식물학과를 졸업하고, 같은 대학교에서 석사 학위를 받았습니다. 캐나다 마니토바대학에서 식물학 박사 학위를 받고, 지금은 서울대학교 생명과학부 교수로 재직하고 있습니다. 생명의 근간이 되는 식물에 어린이들이 더 많은 관심을 갖기를 바라는 마음으로, 어린이책에 애정을 쏟고 있습니다.

식물_식물의 위상 식물은 햇빛 사냥꾼
글_ 김현숙 그림_ 문성연 감수_ 이은주

펴낸이_ 김동휘 **펴낸곳_** 여원미디어㈜ **출판등록_** 제406-2009-0000032호
주소_ 경기도 파주시 회동길 130(문발동) 탄탄스토리하우스 **전화번호_** 080 523 4077 **홈페이지_** www.tantani.com
기획·편집·디자인 진행_ 글그림 **기획_** 이기경 김세실 안미연 **편집_** 이연수 **일러스트 디렉팅_** 김경진 **디자인_** 이경자
제작책임_ 강인석 **인쇄_** 새한문화사 **제책_** ㈜책다움 **판매처_** 한국가드너㈜ **마케팅_** 김미영 조호남 김명희 오유리

Plants_Status of Planets   The Best Friend of Sun
Plants started living on the earth much earlier than dinosaurs or humans. They provided oxygen and essential food sources for many animals. How do they make this happen?

이 책에 실린 글과 그림의 무단 복제 및 전재를 금합니다.

식물

지구의 주인은 누구라고 생각하나요? 지구상의 모든 생물에게 꼭 필요한 산소와 영양분을 제공해 주는 식물이 아닐까요. 식물의 다양한 생존 방식과 끝없는 생명력…. 이제까지 몰랐던 식물에 대한 놀라운 사실들을 알아봅니다.

동물
- 생물과 무생물
- 먹이 사슬
- 태생과 난생
- 동물의 모습
- 동물의 성장
- 동물의 위장
- 고향을 찾아서
- 동물의 서식지
- 동물의 집짓기
- 동물의 의사소통
- 동물의 수면
- 동물의 겨울나기
- 먹이 구하기
- 아기 키우기

환경
- 숲
- 강
- 갯벌
- 바다
- 땅
- 멸종동물
- 환경보호
- 재활용
- 인간과 도구

우주
- 지구의 탄생
- 지구의 모습
- 날씨
- 지구의 움직임
- 암석
- 태양계
- 달
- 별의 일생
- 우주 탐사

인체
- 우리 몸
- 탄생과 성장
- 감각기관
- 소화기관
- 운동순환기관
- 건강함이란

물리
- 물질의 성질
- 물질의 상태 변화
- 공기
- 시간
- 소리
- 중력
- 여러 가지 힘
- 빛과 색
- 전기
- 도구의 원리

식물
- 식물의 위상
- 식물의 성장
- 식물의 번식
- 식물의 생존
- 식물의 일생
- 먹는 식물들
- 식물의 재배

식물은 햇빛 사냥꾼

글과그림으로 수다스러운공간 글그림
02.3474.8892